ESSAI SUR LE PASSÉ

DU RÉGIME IMPÉRIAL

ET SUR

SON AVENIR CONSTITUTIONNEL

DU MÊME AUTEUR·

—

ANTÉCÉDENTS ET CONSÉQUENCES

DE

LA POLITIQUE IMPÉRIALE

EN ITALIE

Brochure grand in-8. Prix : 1 franc. — Chez DENTU, éditeur.

ESSAI SUR LE PASSÉ

DU

RÉGIME IMPÉRIAL

ET SUR

SON AVENIR CONSTITUTIONNEL

PAR

M. LUCAS DE MONTIGNY

<hr>

PARIS

E. DENTU, LIBRAIRE-ÉDITEUR

PALAIS-ROYAL, 13 ET 17, GALERIE D'ORLÉANS.

1862

ESSAI SUR LE PASSÉ

DU RÉGIME IMPÉRIAL

ET SUR

SON AVENIR CONSTITUTIONNEL

———————

I

Maintenant que les voix se sont tues et que les débats sont clos, il est temps de reprendre l'ensemble de la question et de remettre sous les yeux du pays le dossier complet du régime impérial. Le peuple n'a pas le loisir de lire de longs récits ; il lui faut un sommaire simple et fidèle des faits, qui lui permette de les juger en connaissance de cause ; il est las de révolutions qui arrêtent l'essor du travail et qui finissent invariablement par un surcroît d'impôts. Sans entendre rien à ces considérations nébuleuses, développées en style d'oracle, qu'on appelle la philosophie de l'histoire, il a foi à la durée du gouvernement qu'il possède aujourd'hui, et à sa supériorité sur ceux qui l'ont précédé. Il importe de le confirmer dans ces sentiments qui sont déjà un gage de stabilité. Il faut qu'il sache que l'égalité, que la liberté qui lui sont si chères, ne peuvent lui venir que par un exercice régulier et par les transformations successives du régime actuel. Je n'ignore rien de ce qu'on peut objecter contre une telle proposition. J'espère pourtant que ce que j'entreprends de démontrer est mieux qu'un paradoxe. Tout établissement a besoin de durée : aux républiques comme aux monarchies, l'hérédité est nécessaire. Napoléon Ier le savait mieux que personne, quand il disait qu'il aurait voulu être son petit-fils. Notre histoire, depuis soixante-dix ans, n'offre qu'une suite d'avortements : il est temps de nous arrêter sur cette pente, qui nous entraînerait à l'abîme. Je maintiens que le gouvernement impérial peut, seul, rendre de nouvelles perturbations sans but comme sans excuses : il ne s'agit plus de revenir aux errements et à la politique d'un temps qui est déjà pour nous et dans un certain ordre d'idées presque de l'ancien régime. Les deux époques, désignées sous le nom de premier et de second Empire, issues des mêmes causes, des mêmes périls, de la même situation, bien qu'à des degrés inégaux, ont dû nécessairement se ressembler en beaucoup de points; elles diffèrent cependant essentiellement l'une de l'autre. Napoléon Ier et Napoléon III ont eu tous deux à lutter, avec des antécédents et par des moyens divers, contre des obstacles identiques : tous deux ont eu le même point d'appui, le peuple; n'ont agi que par lui et pour lui; mais là s'arrête la ressemblance. C'est ce que je voudrais établir par des considérations rapides sur les premières années de ce siècle, et dans les conclusions de cet essai.

Cette indifférence pour les classes politiques, — et non pour les individualités éminentes, — blessait dès lors et blesse encore à présent les partis, recrutés en général çà et là, et qui forment toujours une multitude de petites Églises; mais les exagérations, qu'elles viennent de la tribune, de la chaire ou de la presse, les médisances, les calomnies même, ont peu de prise sur la solide popularité de l'Empire : elles trouvent le peuple défiant et incrédule. Uniquement sensible à ce qui est grand et national, d'une part, et de l'autre à ce qui touche directement à son existence journalière, il comprend peu les aversions des coteries, l'agacement des gens nerveux, l'esthétique des sorbonnistes constitutionnels : Qu'on appelle le général Bonaparte Cromwell, et Napoléon III Hérode ou Ponce-Pilate, il s'en soucie médiocrement.

Cette force immense d'opinion impose au gouvernement impérial une responsabilité non moins grande; elle doit lui rappeler sans cesse que ce peuple, son irrésistible levier, a besoin d'économie, de modération dans les impôts, de confiance, de raison; qu'il faut dès lors modifier sans cesse, perfectionner sans relâche, et par tous les moyens possibles, la puissante machine qu'on appelle la Constitution.

C'est donc un procès historique dont je tente de me constituer le rapporteur. C'est pièces en main que je m'adresse aux esprits non prévenus qui forment toujours l'immense majorité. Il y aura là des leçons pour tous. Le public impartial, aisément trompé, aisément ramené, décidera en dernier ressort.

II

Il serait trop long, et cela ferait en quelque sorte partie de l'enseignement secondaire, de refaire ici un cours d'histoire impériale. M. Thiers s'est acquitté de cette tâche avec une incomparable éloquence; mais, il faut le rappeler avant d'entrer plus avant en matière, et en dépit des illusions de ceux qui croient au progrès indéfini et à une incessante perfectibilité, l'histoire et la civilisation sont comme ces phares à éclipse qui tantôt projettent au loin leur lumière sur les flots, tantôt se replongent dans des ténèbres pleines des clameurs et des mugissements de la tempête. De là ces époques glorieuses suivies de périodes lamentables, ces essors sublimes et ces défaillances cruelles ; et si, à travers ces vicissitudes, l'humanité, cet homme qui ne meurt jamais, s'avance en définitive, par une marche détournée et qui souvent ressemble à un piétinement, vers un état social meilleur, c'est, à coup sûr, bien lentement.

Quand le général Bonaparte revint d'Égypte, la France allait se dissolvant ; il la tira du chaos, et remit, d'un geste et d'un mot, chaque chose à sa place. Elle, sentant qu'un sauveur lui était né, lui aidait de toutes ses forces dans cette œuvre de régénération universelle. Le clergé, longtemps décimé par les persécutions, réintégré maintenant dans ses églises, n'avait point encore eu le temps d'oublier que beaucoup des monstres les plus sanguinaires de la Terreur étaient, par une étrange permission de la Providence, sortis de ses rangs. Il sentait que, derrière ce pouvoir énergique qui reliait et dirigeait la société, des hommes, en grand nombre, convaincus et résolus, les Volney, les Sieyès, les Cabanis, les Tracy, regardaient avec défiance les réparations qui lui étaient accordées et la dérive à laquelle semblait s'abandonner le Premier Consul. Les émigrés rentrés en foule, radiés des listes de proscription, délivrés du séquestre, ne demandaient alors qu'à respirer en paix l'air natal ; mais bientôt ce bonheur ne leur suffit plus. Dès la signature du Traité d'Amiens, ils payaient, en mauvais discours dans les salons, les bienfaits d'un gouvernement qui se passait d'eux. Des libellistes cantonnés à Londres, des pamphlétaires atroces, pervertissaient sans relâche des sentiments naguère plus équitables ; ils poussaient à l'envi l'Europe à la guerre et Bonaparte à l'Empire, persuadés que la révolution et l'Empereur succomberaient également. Il est singulier que les hommes qui ont individuellement la pudeur de réprouver les mauvais sentiments s'y livrent collectivement avec un abandon si général. Il semble qu'ils rejettent l'un sur l'autre la honte de se dédire, et qu'étant partagée, la responsabilité ne pèse plus sur personne. On traitait le Premier Consul, ses frères, ses sœurs, sa mère, sa femme, de la manière la plus outrageante ; on lui imputait l'assassinat de Kléber, la mort de Desaix, le suicide de Pichegru ; on mettait publiquement sa tête à prix. La mort du duc d'Enghien fut la triste représaille de ces atrocités.

On fait trop souvent à un seul homme l'honneur ou le crime d'une situation ; rien n'arrive, dans un coup d'État, qui ne soit, à un certain point de vue et dans une mesure quelconque, l'œuvre de tous ; c'est ainsi que l'établissement du premier Empire n'est pas dû tout entier au génie du général Bonaparte. L'esprit du temps entendait, malgré tout, pousser la réaction de l'ordre contre le désordre jusqu'à ses dernières limites, et l'entraînait pour ainsi dire jusqu'à ce dernier pas.

Il ne faut pas croire que ce règne si longtemps prospère, inauguré

par le coup de soleil d'Austerlitz, et toujours si glorieux, à travers beaucoup de souffrances et de mécontentements cachés, n'ait pas connu ces
gênes financières, ces embarras commerciaux que de nos jours on appelle des crises. En 1805, au moment le plus éclatant, après Eylau ; en
1809, après Wagram, la France était en proie à une véritable détresse.
Il est vrai que la cité de Londres souffrait presque autant que nous ;
nous étions comme des plongeurs qui se battent sous l'eau, et où celui
qui a la respiration la plus longue s'efforce à noyer son adversaire ; et
cependant, Napoléon se montrait chaque jour le génie le plus organisa-
teur qui fût jamais : code civil, concordat, finances, guerre, police, industrie, rien n'échappait à sa haute intelligence et à son irrésistible activité.

Rentré presque malgré lui dans la carrière des combats, il enlevait
au galop de bataille les couronnes, comme les anneaux d'un jeu de
bagues. Des écrivains étrangers se sont demandé le secret de tant et de
si rapides triomphes ; ils ont mis en question, par exemple, de savoir,
si commandant à des Russes ou à des Autrichiens, l'Empereur eût été
un plus grand capitaine que Wurmser ou l'archiduc Charles ? C'est
comme si l'on demandait si le navire robuste et fin voilier qui marche
avec la mousson, ferait autant de chemin s'il était une lourde hourque
hollandaise, remorquée le long des canaux dormants par des chevaux
flamands ? L'Empereur et l'armée française, c'est-à-dire le peuple,
étaient faits l'un pour l'autre, étaient le produit l'un de l'autre : sous
une forme abstraite, le premier était la personnification du second. En
tout pays arriéré, l'aristocratie tient la tête de la nation, et elle en est
véritablement l'élite ; en tout pays très-avancé, elle a des efforts surhu-
mains à faire pour n'être pas à la suite, et c'est tout simple, puisqu'elle
a des millions de compétiteurs. Que pouvaient un duc de Brunswick,
âgé de soixante-dix ans, un comte de Schulembourg, qui en avait
quatre-vingts, un maréchal de Mollendorf, qui en avait quatre-vingt-
dix, des généraux de cavalerie centenaires, des revenants de la guerre
de Sept-Ans, contre des Lannes, des Masséna, des Davout, des Murat,
des Montbrun, des Excelmans, des Nansouty, des Lassalle ? Que pouvaient des mercenaires kalmouks, tatares, livoniens, cosaques, allemands, suédois, suisses, recrutés sous le bâton et parmi les vagabonds,
ou achetés à beaux deniers comptants, différents de mœurs, d'habitudes,
de religion comme de langage, n'ayant aucune chance d'avancement,
ni aucun autre mobile d'émulation, qu'une part plus forte de suif et
de harengs salés, contre des soldats libres, alertes, résolus, produit
composite et particulier de nos longs discords et de nos implacables
tourmentes, ayant pour devise : « Un pour tous et tous pour un, »
commandés par des égaux sortis de leurs rangs, artisans hier, rois
demain ! Mettez à la tête de tout cela un homme de glace et de flamme
à la fois, subtil comme un sauvage, jouant avec un esprit et une ruse
inimaginables la comédie des faux espions et les imbroglios, et jugez
si le conseil aulique y devait rien comprendre ! Fruit amer des révolu-

tions ! car combien de choses eussent été changées sous la face du ciel, si l'héroïque prince de la Moskowa eût été simplement, comme cela devait être sans la débâcle de 1789, maître Michel Ney, notaire à Sarrelouis, et s'il eût eu pour collègue quelque honnête tabellion du voisinage, au lieu du 4ᵉ corps !

La Prusse a gardé de nous un amer souvenir et nous a rendu avec acharnement le mal que nous lui avons fait et les humiliations que lui a values sa politique imprudente et incertaine ; mais est-ce bien à nous qu'auraient dû s'adresser ses premiers ressentiments ? N'est-ce pas elle, qui était venue en 1792, enflammée de toutes les passions de son aristocratie, couper les raisins de la Champagne, qu'elle a trouvés trop verts ? C'est en nous menaçant, comme alors, de ne pas laisser pierre sur pierre à Paris, que l'Europe a mené nos armées à Berlin, à Vienne et à Moscou !

On a beaucoup parlé de l'ambition de l'empereur Napoléon, et non sans cause ; mais peu de ses adversaires seraient fondés à la lui reprocher. Ce n'est pas lui qui avait inventé cet insolent blocus sur le papier, qui mettait la moitié du monde commercial en interdit. Le Grand Frédéric, qui respectait les moulins et qui volait les provinces, avait très-bien mis la main sur la Silésie, cette Lombardie du Nord qui arrondissait son stérile Brandebourg, et sur le duché de Posen ; Catherine le Grand, pour parler comme Voltaire, n'avait-elle pas pris la Crimée ? et la Pologne, en lui donnant pour roi Poniatowski, dont elle ne voulait plus pour amant ? Alexandre ne s'était-il pas emparé des îles d'Aland, si voisines de Stockholm ? N'allait-il pas prendre la Finlande et la Bessarabie, s'il ne pouvait encore confisquer les principautés Danubiennes et Constantinople ? L'Angleterre ne détenait-elle pas de la manière la plus déloyale, Malte, l'île de France, les îles Ioniennes, la Martinique ? L'ambition de Pitt était-elle moins grande que celle du vainqueur d'Austerlitz ? N'est-ce pas parce que la Convention l'avait déclaré l'ennemi du genre humain, parce qu'il a été l'adversaire implacable de la France et l'incarnation la plus complète du génie anglais depuis Élisabeth, que sa patrie a payé ses dettes et lui a élevé un tombeau à Westminster ? L'Autriche enfin, la moins bien partagée à coup sûr, et qui avait perdu en ce siècle le Milanais, les Pays-Bas, la couronne germanique, l'Autriche ne s'était-elle pas indemnisée de son mieux par la Gallicie et par la seigneurie de Venise ? Convenons-en donc et faisons la part des choses : le génie, chez Napoléon, éclairait des grandeurs et des faiblesses morales. Les unes étaient à lui seul ; les autres, il les partageait avec ses contemporains couronnés. Le plus grand des hommes est semblable aux volcans des Cordilières ; leur tête lumineuse et leurs épaules couvertes de neige étincellent encore quand la nuit est déjà descendue sur la terre ; mais ils y tiennent par leur base, si hauts qu'ils soient, et dans l'ombre, à leurs pieds, s'agitent les misères et les passions de l'humanité.

Les conférences de Tilsitt inaugurèrent une nouvelle phase politique. Les Talleyrand, les Metternich, les Nesselrode commencèrent enfin à trouver le côté faible de Napoléon. La guerre d'Espagne fut la première de ses grandes fautes. Elle apitoya le monde sur un prince dégénéré, plutôt fait pour donner de l'eau bénite à la porte d'une église, que pour régner sur la patrie du Cid. Elle coûta des torrents d'un sang précieux, et pour quel résultat, juste ciel ! pour ramener, en fin de compte, sur le trône, un Ferdinand VII, despote à demi parricide ; pour nous montrer un roi Joseph et une reine Julie confondus dans la suite du héros de cent batailles ! Ainsi, au soleil couchant de Louis XIV, on avait vu le roi Jacques et la reine Marie, dans la grande galerie de Versailles, flanquant de leur majesté détrônée la majesté caduque du roi très-chrétien ! — et pourtant, non. C'est considérer les faits d'un point de vue trop étroit. Nos armées ont laissé à l'Espagne autre chose que des ruines, des cadavres et de mémorables souvenirs : ils lui ont laissé les idées modernes, le légitime orgueil d'une défense héroïque, le rajeunissement du malheur et de la guerre civile. Les troupeaux de la Mesta, qui passent et qui repassent chaque année en maîtres souverains, de l'Andalousie à la Navarre, rasant tout sur leur chemin, lui font en définitive plus de mal que ne lui en ont fait ces dragons de Latour-Maubourg dont les légendes espagnoles parleront peut-être un jour, comme Walter Scott l'a fait de ceux de Claverhouse ; tant il était dans la mission providentielle de Napoléon de servir dans l'avenir la cause de la liberté, même quand il l'opprimait dans le présent, par ses erreurs et par ses fautes !

III

La réunion de la Hollande à la France par un simple décret, le divorce, furent de nouvelles fautes que les victoires d'Essling, d'Ekmühl et de Wagram ne suffirent pas à compenser. Vainqueurs partout ailleurs, il nous fallait cependant rompre jusqu'aux Pyrénées au Midi ; au Nord, les Anglais qui étaient venus incendier nos vaisseaux jusque dans le port de Rochefort, avaient tenté de surprendre dans l'Escaut nos chères flottes. Postés, comme les Saxons du temps de Charlemagne, aux embouchures de l'Ebre, du Rhin, de l'Ems, à Héligoland, à Jersey, aux Baléares, ils insultaient presque impunément nos côtes, — et, chose singulière et qui montrait bien l'antagonisme des classes, ce qui inquiétait le bon sens du peuple, le mariage avec une archiduchesse d'Autriche, par exemple, ramenait décidément à l'Empereur la plus grande partie de la noblesse ; elle avait méconnu son aurore et son midi ; elle allait un moment se rallier autour de lui à son couchant.

La question religieuse était à cette époque, avec l'expédition de Russie qu'il devenait facile de pressentir, le grand souci de l'opinion. La conduite de Napoléon avec la cour de Rome avait été plus franche que celle du cabinet autrichien qui convoitait les Légations, ou que celle du cabinet de Naples qui avait retenu sans droit les objets d'art à nous concédés par le traité de Tolentino. Le cardinal Caprara ne cessait, en ce temps, d'écrire à Rome que, sans le Premier Consul, la religion eût été perdue en France et en Europe. Le Saint-Père était venu sacrer, en grande pompe, l'Empereur à Paris, croyant regagner du même coup ses indociles Romagnes. Son espoir avait été déçu : l'accroissement de l'influence française au nord et au sud de l'Italie avait encore augmenté sa mauvaise humeur. Rome était devenue peu à peu un foyer d'intrigues et un rendez-vous de mécontents. Napoléon s'en expliqua plusieurs fois sans ménagements. Tout en voulant rester fidèle à la religion catholique, il prétendait n'être point assujetti à son chef temporel ; il pensait d'ailleurs pouvoir toujours rester maître d'une question qu'il engageait si lestement. L'auteur du concordat aurait dû voir plus juste et plus loin ; mais on s'était habitué à ne respecter guère cette Papauté que Pétrarque avait osé, dans son temps, appeler *madre d'errori*. Le peuple ne déclamait plus contre elle ; il faisait pis, il ne s'en occupait pas. Les romans de Pigault-Lebrun, qui distrayaient cette facile génération, donneraient assez le diapason de l'esprit public à ce moment. Napoléon lui-même, qui avait naguère professé que, pour être indépendant, le Pape avait besoin d'être investi d'un pouvoir matériel, avait maintenant bien changé d'avis. C'est le triste sort de la Papauté depuis quatre-vingts ans, d'être à Rome, de fait, sinon de droit, comme un locataire dans une maison expropriée, dont M. le préfet de la Seine fera commencer la démolition un jour ou l'autre. Or, la question est celle-ci : peut-on exproprier le Pape pour cause d'embellissement, ou, si l'on veut, pour cause d'utilité publique ? Le Premier Consul avait dit non ; l'Empereur répondait oui ; il lui laissait un logement au Vatican et une liste civile de deux millions. Pie VII fut bon gré malgré envoyé à Savone. Paris allait devenir une seconde métropole du monde catholique, où résiderait le successeur des apôtres quand il serait revenu à la raison. On croit rêver quand on lit ces choses que nul alors ne jugeait impossibles. Le Saint-Père, sans papier, sans plumes, sans encre, sans secrétaire, toujours surveillé par un officier de gendarmerie, résistait doucement, mais opiniâtrément, à tout ce qu'on lui proposait. Il répondait en demandant les Catacombes comme résidence et pour conseils ses cardinaux emprisonnés ; à ce prix, il promettait de faire le mort, en attendant, ce qui ne pouvait tarder, qu'il fût réellement un cadavre. Voilà où en était à cette époque le plus redoutable vestige de l'ancien régime, la Papauté. La société parisienne, dans les dispositions où elle se trouvait depuis longtemps, ne pouvait voir sans émoi un tel état de choses. On faisait des prières publiques pour la fin de la persécution. L'Empereur se montrait fort irrité ; il avait fait incorporer sans façon dans des régiments de ligne quelques séminaristes trop militants, et il avait menacé, à la nouvelle du premier assassinat commis sur la personne d'un Français, de faire décapiter le cardinal Pacca, qu'il considérait comme l'instigateur de la résistance du Souverain-Pontife. Au milieu de ces agitations, le clergé resta généralement calme et uni. Tout en gémissant, il blâmait le Saint-Père d'avoir, par une excommunication intempestive et imprudente, mis au grand jour la faiblesse de ces armes spirituelles jadis si redoutées ; il allait jusqu'à lui reprocher d'ébranler un pouvoir que tous regardaient comme indispensable.

IV

L'expédition de Russie acheva ce que la guerre d'Espagne avait commencé. Il eût fallu dix ans pour s'y préparer, et l'Empereur y consacra à peine quelques mois. La difficulté de transporter cinq ou six cent mille hommes du Rhin au Niemen aurait dû seule l'arrêter. Il fallait, par des étapes exterminantes, s'enfoncer avec un matériel immense dans un pays désert, sans routes, sans ressources, sous un ciel bas et triste, et franchir ces steppes spongieuses qui s'étendent jusqu'au pôle. C'était remonter le courant des invasions historiques. Les barbares avaient bien pu vivre sur le monde romain ; la civilisation trouverait-elle à vivre sur la barbarie ? Ce que fut cette guerre, la France le sait, et les funèbres souvenirs de la retraite de Moscou ne s'effaceront plus ; elle vit avec stupeur les débris lamentables d'une armée qui avait fait trembler la terre sous son poids. Le naufrage de l'Empire date véritablement du vingt-neuvième bulletin. Désormais, la France fut un radeau. En vain l'Empereur fit-il des efforts surnaturels ; en vain la nation livra-t-elle ses derniers enfants, que pouvait-elle contre le nombre ? Notre levée en masse de 1793 était retournée contre nous. Il fallut faire cette sanglante et immortelle campagne de Dresde, Leipsick et Lutzen, où chaque bataille coûtait la population d'une grande ville, où les canons roulaient dans une boue de chair humaine ; il fallut la faire avec des régiments de conscrits, — non, d'aiglons, qui n'avaient pas même leurs aigles de bronze pour les couvrir de leurs ailes, — mal instruits, sans autre musique que leurs tambours pour battre la charge ; et il y a des moments où cet orchestre-là vaut mieux que celui de la Société des concerts. Enfants héroïques, ils oubliaient tout en face de l'ennemi ; et quand l'homme au pâle visage, aux yeux étincelants, passait sombre et muet au milieu de leurs files incomplètes, ils sentaient une flamme leur monter des pieds à la tête ; ils allaient alors, allégrement, remontant leur sac d'un coup d'épaule, ce sac qui avait contenu le monde.

En vain l'Europe revenait sur eux comme un raz de marée. Où étaient maintenant ces courtes et glorieuses campagnes des Alpes, ces ascensions sur les glaciers ? Mieux valait courir la poste sur le chemin des avalanches, que de venir s'engouffrer dans les fondrières de la Saxe ! Les Bavarois, les Allemands nous trahissaient au cri de *sauve qui peut !* et tournaient leurs canons contre nous au milieu du feu ; c'était tout ce qu'ils savaient de français, et ils s'en servaient bien ! — Et puis, une bataille n'était jamais tout à fait gagnée ; l'ennemi avait des retours furieux, le prestige était tombé ; on ne niait pas le génie de Napoléon ; on faisait pis, on n'en tenait plus compte ; qu'il fût écrasé sous le nombre, c'en était assez. Son œuvre gigantesque semblait, comme nos mutilés, atteinte de la pourriture d'hôpital ; chaque membre, chaque royaume étranger, chaque population réunie, se détachait d'elle-même et tombait en déliquescence.

Il fallut enfin nous replier sur les places du Rhin, sur la vieille frontière qui n'était pas même en état de défense. Le 21 décembre 1813 fut le véritable jour du *Dies iræ*. L'étranger franchit enfin le fleuve aux eaux vertes, qui avait été pendant vingt-cinq ans notre limite et qui le redeviendra. La France était comme ces volcans qui, après avoir englouti des villes sous leur lave et porté au loin leurs scories, ne sont plus que d'insondables catacombes où chaque détonation atteste par son retentissement même la profondeur du vide. Quelques cavaliers, reste de nos grandes guerres, illustraient encore sous Excelmans, Pajol et Nansouty, l'arme des Lassalle et des Montbrun. Les Polonais du général Pac, pospolite errante, qui portaient avec eux, comme les Séminoles de M. de Châteaubriand, les os de leurs pères, souvenir de la patrie absente, s'acharnaient avec une haine nationale après les Cosaques ; ils les enlevaient au galop, eux et leurs petits chevaux de l'Ukraine, comme des moissonneurs hâtés enlèvent au bout de leurs fourches de légères bottes de paille. Des corps francs, la levée en masse des paysans dans ces patriotiques provinces de l'Est, imposaient encore à l'Europe : elle eût voulu tromper l'Empereur par des négociations perfides ; mais Napoléon, qui avait eu tort en Espagne, en Russie, en Hollande ; Napoléon, qui connaissait le triste état moral d'une partie du pays, avait raison, en France, dans cette lutte sans merci ; il sentait qu'il ne pouvait trouver une paix véritable que dans un triomphe éclatant ; il avait le droit de l'attendre de son génie et de l'idolâtrie de son peuple. Sage désormais par une si douloureuse expérience, il eût, renonçant au reste, conservé les frontières de la France, but extrême de nos vœux et de nos droits.

Il ne le put. On lui demandait la bourse ou la vie, — les limites de la France en 1789. Il fallut songer à défendre Paris ; mais dans son Autrichienne, dans cette petite-fille, abaissée de cœur, de Marie-Thérèse, il n'y avait, — que ce qu'on a vu depuis ; — et dans notre Espagnole (Dieu sauve l'Impératrice), la patrie sait déjà et saurait mieux encore au besoin qu'il y a du sang de Sarragosse et de Girone, et du cœur de dona Chimène.

Il serait inutile de revenir sur les luttes désespérées de cet Encelade. A Champaubert, à Montmirail, à Château-Thierry, à Montereau, à Craonne, à Laon, à Arcis-sur-Aube, noms d'impérissable mémoire ! Sur la première abdication, le retour de l'île d'Elbe, les Cent-Jours, et ce funèbre Waterloo, dont Béranger a dit :

Jamais son nom n'attristera mes vers !

Ce n'est pas une histoire de Napoléon que j'ai voulu écrire ; il me fallait rappeler tant de triomphes, tant de catastrophes pour en tirer un enseignement, pour montrer ce qui lui avait manqué. Il est bon pourtant de dire un mot du déchaînement qui accueillit sa chute. Il n'eut d'égal que les adulations prodiguées en d'autres temps. Cet homme, qui était de ceux qu'on tue et qu'on ne déshonore pas, qui n'avait besoin pour lui que de la pension d'un invalide, on lui prodiguait l'opprobre, on en faisait un poltron concussionnaire. Blücher eût voulu le pendre de sa main : c'était un Attila, un Robespierre, mieux s'il est possible, un Cartouche, un athée qui ne savait ni lire ni écrire. Du soleil d'Austerlitz, on faisait le quinquet fumeux d'une ménagerie dans laquelle on faisait voir un ogre corse. Quelques enragés, éperdus de folle haine, se promenaient avec l'étoile de la Légion d'honneur attachée à la queue de leurs chevaux, et cela leur valait la croix de Saint-Louis, *virtutis bellicæ præmium*. Le gouvernement anglais aurait pu envoyer *Buonaparte* faire pénitence sur les pontons, avec accompagnement de jeûne forcé, distributions de coups de chat-à-neuf-queues sur les reins et le reste ; mais, devenu magnanime depuis le temps où l'on avait eu l'idée de faire violer Jeanne d'Arc dans sa prison avant de l'envoyer au bûcher, il trouva plus humain, plus loyal, et, pour tout dire, plus convenable, de déporter le général Bonaparte (pourquoi ne lui avoir pas ôté jusqu'à ses galons de petit caporal?) à Sainte-Hélène, et de l'y laisser mourir tranquillement d'une maladie de foie ?

V

'Napoléon, entraîné par le tourbillon des faits, n'avait pas toujours mis assez de soin dans le choix des agents qu'il avait investis de sa confiance, et à qui il avait prodigué les honneurs et la fortune. Habitué à être l'âme de tout, à agir et à penser pour tous, — tâche dangereuse et sans lendemain, — il les avait pris çà et là dans son large éclectisme, sans trop de souci des antécédents et de la valeur morale des hommes. Ce qu'il voulait d'eux, c'était qu'ils eussent une certaine aptitude spéciale ; mais, dans les derniers temps, le labeur grandissant chaque jour et dépassant les forces humaines, il avait fini par s'entourer d'aides de tout point insuffisants. Ainsi que de ses frères il faisait des archiducs, de ses auditeurs au conseil d'État il faisait en quelque sorte des résidents de la compagnie des Indes. Ses rivaux d'autrefois, ses maréchaux empanachés, tenus à distance par l'ascendant du génie, commençaient à trouver la mort moins dure sur un lit de plumes que sur un lit de mitraille. Tel de ses ministres aurait pu s'appeler Chamillard. Un jour, il avait eu la main heureuse, et il avait pris un Caulaincourt, un Narbonne, un Lauriston, un Daru. Une autre fois, trop hâté ou trop dédaigneux, il avait pris ses ministres dans les débris de nos révolutions, et quand ces hommes étaient cassés, fourbus, il les jetait dans quelque sénatorerie, comme on met les cadavres des rois d'Espagne au pourissoir de l'Escurial. — Au jour des revers, tout cela ressuscita pour trahir.

Si grand qu'il fût, il ne pouvait avoir ni le don d'ubiquité, ni celui d'omniscience. Ces hommes formaient autour de lui un cercle que ne pouvaient toujours percer ses yeux d'aigle. Grande leçon qui enseigne les périls de l'isolement au milieu d'une foule d'intéressés, et ceux d'un régime sans échos. S'il eût pu connaître à temps la vérité, bien des fautes eussent été conjurées, bien des désastres évités, bien des leçons n'eussent point été perdues. Le prince le plus pénétrant, le plus judicieux qui fut jamais, n'eût point été vendu ; le héros le plus cher à la France fût mort aux bords de la Seine, au milieu de ce peuple qui l'avait tant aimé et qu'il aimait tant !

Napoléon fut le médiateur entre deux siècles ennemis; il prit à l'ancien régime et à la révolution une partie de ce que chacun d'eux avait de bon, et il rendit leur retour également impossible, quoi que puissent imaginer dans un sens ou dans l'autre beaucoup de gens aux illusions toujours renaissantes. Pour une pareille tâche, il fallait être fort, et nul ne l'a été plus que lui dans tous les genres. Louis XIV n'écrivait pas mieux que Racine et que Boileau ; il ne parlait pas comme Bossuet ; il n'égalait ni Vauban dans la science des siéges, ni Turenne dans l'art militaire. Napoléon, au contraire, était le premier, sinon le seul écrivain de son temps ; il en était l'orateur original et inspiré ; il surpassait ses ingénieurs, ses capitaines et ses ministres. Doué d'une puissance de fascination irrésistible, il remontait d'un mot les fibres du cœur humain, comme avec une clef les cordes d'une harpe. Dans un siècle et dans un pays réputés sans foi, il a eu ses fidèles et ses martyrs. C'est bien un grand homme du Midi cependant. Il y a, malgré son rare bon sens naturel, dans ce téméraire penchant à pousser à bout sa fortune, dans cette immodération sans frein, quelque chose d'étranger à la forte na-

ture des Cromwell, des Guillaume, des Washington, ces opiniâtres
temporisateurs. Son génie est plus saisissant que le leur; mais il y a en
lui un côté excessif, chimérique et romanesque pour ainsi parler, qui,
en grandissant sa figure légendaire, devait amener tôt ou tard, dans le
monde des faits, une catastrophe effroyable. Au lieu de toutes ces chi-
mères d'invasion en Égypte, en Angleterre, en Espagne, en Russie, il
nous aurait mieux valu reconquérir nos îles normandes de la Manche,
dettes criardes de l'honneur. Solidement assis sur le Rhin, mieux
eussent valu pour nous Anvers que Hambourg, et Mayence que Madrid.
Ne soyons point injustes néanmoins. Sans élever comme les Romains
de la décadence des temples au divin Empereur, n'écoutons pas ceux
qui nous répètent qu'en fin de compte Napoléon a laissé la France
amoindrie. Un pays comme un homme a deux fortunes, dont sa répu-
tation et l'idée qu'on a de lui ne forment pas la moindre. La gloire d'un
peuple ne se pèse pas comme de vieux couverts dans la balance d'un
orfèvre. Une nation est plus forte encore par les principes qu'elle repré-
sente que par les bataillons qu'elle fait mouvoir. Qui dit France dit
révolution. Son nom, bon gré malgré, en est fatalement le symbole.
Or, était-il, oui ou non, le représentant de la révolution, — je ne parle
pas de la liberté, — celui qui disait à ses soldats : Donnez mon nom à
vos enfants, je vous le permets ; et si parmi eux il s'en trouve un digne
de nous, je lui lègue tous mes biens et je le nomme mon héritier !

VI

Quand, après trente-trois ans de régime parlementaire, la France est
revenue à l'Empire, les hommes politiques de l'école libérale ont eu de
la peine à comprendre un pareil phénomène et à s'y résigner. Comme
si, dans ce monde, la dérision des choses et l'inanité des prévisions
devaient apparaître dans tout leur éclat, il s'est trouvé que le neveu de
l'Empereur a dû aux fautes, noblement confessées d'ailleurs, de sa
jeunesse, son titre principal à la popularité. Le peuple français aime
les téméraires et se tourne volontiers vers les vaincus. Je ne voudrais
pas jurer que l'idée de faire, des coryphées de l'opposition de quinze
ans et des dynastiques de la monarchie de Juillet, les collaborateurs
inattendus d'une restauration impériale, ne lui ait pas souri. Le malheur
avait d'ailleurs développé chez le prince Louis-Napoléon des titres plus
réels, des qualités qui se sont successivement révélées et dont l'ensemble constitue un des plus curieux instruments de pouvoir qu'il ait été
donné aux philosophes d'étudier. Quand le duc de Reichstadt descen-
dit avant son tour dans les caveaux de Schœnbrun, il y eut liesse aux

Tuileries, et le coq chanta! il saluait, sans le savoir, l'aurore d'un second Empire.

Quand j'entends maudire notre siècle par des gens éplorés qui croyaient à la fin du monde pour l'année 1852, je ne puis assez m'étonner de voir calomnier, comme on le fait tous les jours, un prince dont on regardait naguères l'apparition comme une miséricorde de la Providence. Il me semble que c'est faire montre d'ingratitude envers lui, quand loin d'avoir démérité, il a dépassé dans tous les genres ce que les plus confiants attendaient, c'est une faute dans une faute. Qu'on prenne la peine de se rappeler où nous en étions, encore quelques mois avant cette redoutable échéance du deuxième dimanche de mai 1852, qui devait être le signal du branle-bas général? Je sais que c'est aujourd'hui le mot d'ordre, de nier les périls les plus évidents. *Passato il pericolo, gabbato il santo!* On prétend que c'est le prince Louis-Napoléon qui, pour se rendre nécessaire, les fomentait sous main; c'est une thèse et un paradoxe qui ne sont pas plus invraisemblables que beaucoup d'autres jeux d'esprit, et qu'on peut soutenir avec agrément; mais qu'on imagine donner le change à nos souvenirs, à ceux de nos femmes et de nos enfants, cela passe la permission, et il y a vraiment quelque crédulité à nous supposer si crédules. Je n'accuse ni la démocratie, ni la République, ni surtout des hommes comme Lamartine ou Arago; mais j'accuse les situations. J'estime que les Jourdan Coupe-Tête et les Trestaillon sont de la même famille et qu'ils changent de cocarde plus souvent que de chemise; que les honnêtes gens, qui forment toujours l'immense majorité sous tous les régimes, savent faire la chaîne pour éteindre un incendie et ne savent pas la faire pour cerner une poignée de bandits qui se parent d'une qualification politique. Je partage complétement l'avis du glorieux chevalier de Forbin, qui criait à son équipage prêt à couler bas et tout occupé de vœux et de prières: Sainte Pompe, mes amis, sainte Pompe! s'il est bon de brûler dans les grandes circonstances une chandelle à la Vierge, il n'est pas mauvais non plus de savoir prendre son fusil à propos. C'est au moins l'opinion de plusieurs, à la vérité, suspects.

Bien avant le jour qui lui rouvrit les portes de la France, le prince Louis-Napoléon avait étudié avec un talent remarquable de publiciste et de philosophe, toutes les questions politiques et sociales. Imprégné, pour ainsi parler, des idées, des projets, des vues de son oncle, il avait tracé longtemps à l'avance le programme de son règne futur. Ce que Napoléon n'avait pu faire, parce que, par une cause ou par une autre, le temps lui avait manqué; ce que les revers, l'exil, le désabusement, les retours sur soi-même lui avaient enseigné, ce qu'il avait dit ou dicté aux compagnons de sa captivité, le prince Louis en avait fait le sujet ordinaire de ses réflexions, sa chose, pour ainsi dire. C'était la Minerve tout armée qu'il portait dans son cerveau; il fallait un coup de hache pour l'en faire sortir, et ce coup de hache mit du même coup le trône de Juillet en pièces. Il arrivait donc à point nommé, admirablement façonné par le travail, par l'âge, par une sorte de concentration que nul prince n'a possédée à un pareil degré, pour le grand rôle qu'il allait avoir à jouer désormais. L'empereur Napoléon lui-même, moins bien préparé, avait dû tout deviner, plutôt que tout apprendre.

Personne ne put douter de cette aptitude universelle et de cette forte préparation, dès que le Président de la République parut à la tête des affaires. Il a fallu le parti pris des meneurs et la crédulité de leurs dupes, pour méconnaître un pareil fait. Quelques-uns, plus clairvoyants, auraient volontiers maintenu l'ostracisme qui frappait la famille Impériale; mais le sentiment public eût protesté hautement contre une pareille mesure et l'eût rendue impossible. Le prince Louis-Napoléon ne se hâtait d'ailleurs ni ne se prodiguait. Il se tenait dans une attitude expectante qui déroutait les souvenirs de Strasbourg et de Boulogne. Son calme et sa réserve trompaient jusqu'à ceux-là même qui l'avaient le plus redouté. Trop défiants d'abord, ils devinrent trop confiants ensuite : comme deux horloges dont l'une marche tandis que l'autre est arrêtée, et dont cependant les aiguilles marquent à un certain moment la même heure, le Président et l'Assemblée parurent un instant d'accord; mais bientôt les discours qu'il prononçait à chaque inauguration de chemin de fer et dans ces pérégrinations incessantes à travers un pays matériellement inconnu pour lui, constatèrent un germe de dissentiment. Toutes ces allocutions simples, brèves, pleines d'idées, respiraient le sentiment le plus viril et le plus national. Toujours le mot et la pensée justes. Il semblait avoir reçu du Premier Consul le secret de parler à cette nation susceptible et fière. Sans jactance, sans faiblesse, il établissait la véritable situation des choses. Impartial comme doit être tout esprit supérieur, il rappelait les anciens gouvernements dans les termes les plus dignes et rendait pleine justice à l'œuvre lente et traversée de nos huit cents ans de monarchie. Tout en mettant un tact extrême dans ses rapports avec les puissances étrangères, il leur faisait sentir, et elles comprenaient comme lui, qu'il fallait compter avec nous plus qu'elles n'avaient accoutumé de le faire depuis longtemps. Personne n'eût pu croire que l'homme dont la politique était si sûre et si haute, n'était investi que d'un pouvoir temporaire et restreint. Dès lors, et dans cette situation précaire, s'il ne régnait pas encore, il gouvernait déjà.

Ses rapports avec l'Assemblée, de plus en plus ombrageuse, n'étaient ni moins mesurés, ni moins catégoriques. Il n'entendait pas laisser absorber par elle sa personnalité. Héritier d'un nom qui sentait la poudre, il s'en servait comme d'un porte-voix pour apprendre à la France qu'elle pouvait compter sur un lendemain. Il avait pris au sérieux ses devoirs et ses droits. Il appelait au ministère, par une tentative hardie, des hommes d'origine différente, mais paraissant vouloir avec sincérité l'application et le perfectionnement de la constitution. Il savait qu'il en

est de certains esprits comme de ces roûes d'engrenage qui, tout en concourant au mouvement général, tournent cependant en sens contraire les unes des autres. Ainsi Henri IV adjoignait à ses vieux compagnons Jeannin, Villeroy, le baron de Batz, anciens Ligueurs, chez qui l'esprit de parti n'avait point éteint le sentiment national.

On prétendait, en ce temps, que de sordides intérêts dominaient sa politique; on en faisait une sorte de roi fainéant, endormi sur le lit de roses de la présidence, dont on comptait bien que les draps lui serviraient de linceul, tandis qu'en un quart d'heure de son inaction apparente, il faisait plus que toutes les mouches du coche parlementaire en un mois. Partout et toujours, il disait *je* et *moi*, n'entendant faire retomber sur personne une responsabilité qu'il revendiquait tout entière. Ainsi apparaissait sa ferme volonté de se mettre au-dessus de tous les partis, et le caractère de son gouvernement. La force que le général Bonaparte avait puisée dans ses victoires, il la trouvait, lui, dans la conscience et dans l'aveu de la France. Elle ne considérait pas, en effet, l'homme à qui elle avait donné cinq millions de suffrages, comme un ministre que la majorité de l'Assemblée pouvait maintenir ou renvoyer. La nation lui avait implicitement décerné d'avance une véritable dictature. Elle n'aurait pas plus compris qu'il laissât périr son existence politique, à lui, que son existence sociale, à elle. Si elle était tentée de lui reprocher quelque chose, c'était sa prudence et sa mesure. Il eût suffi d'un acte de sa volonté pour faire un 18 fructidor ou un 22 floréal. Il n'en voulait à aucun prix. Certain du peuple, comme il était sûr de lui, il attendait en silence que la mesure fût comble de toutes les témérités.

Le Président de la République avait établi sans détour, dès son premier message, qu'il n'avait pu réaliser tout le bien possible, parce qu'il ne jouissait pas de la plénitude de ses prérogatives constitutionnelles. Il avait signalé comme un obstacle au retour de la confiance le défaut de sécurité dans le présent et de foi dans l'avenir. Il annonçait que, sans sortir de la légalité, ce cercle de Popilius dans lequel on l'avait enfermé, il emploirait les moyens les plus énergiques pour rassurer la société; il se séparait hautement des sectes socialistes dont il avait voulu voir de près le dialecticien le plus serré. En même temps qu'il disait à tous, sans équivoque, aux maires, aux troupes, qu'il écraserait l'anarchie partout où elle lèverait la tête et que les espérances qu'avait fait naître son élection ne seraient pas trompées, il annonçait que, dès qu'il verrait une idée féconde, il irait à elle. Un Sieyès, s'il y en eût eu un dans cette assemblée, eût pu répéter dès lors le mot célèbre dont il avait salué la chute du Directoire.

La prise de Rome, la répression de l'insurrection du 13 juin, donnèrent bientôt le corollaire de ces paroles. Ce fut comme un coup de canon qui balayait, pour un instant, les nuages. On sentit que le prince Louis accablerait comme la foudre ceux qui oseraient sonner les matines d'une Jacquerie; mais, en même temps, sans se raidir contre la majorité de l'Assemblée, il changeait son ministère; il rappelait néanmoins les tentatives de conciliation qu'il avait essayées, et constatait qu'au lieu d'une fusion, il n'avait obtenu qu'une neutralisation de forces. En effet, à peine les dangers de la place publique étaient-ils conjurés, qu'on avait vu les anciens partis relever leurs drapeaux, réveiller leurs rivalités. Ils avaient eu l'ingénuité de prendre un Napoléon pour faire l'interim d'une restauration; ainsi au théâtre on pose un gant sur un fauteuil d'orchestre, pour marquer une place.

Jamais personnage, naturellement taciturne et concentré, n'a recherché avec plus de soin l'occasion d'entrer en contact avec la foule, de se pénétrer de son esprit, de lui communiquer le sien. A mesure que le temps s'écoulait et qu'on se rapprochait du terme fatal, la gravité de la situation devenait de plus en plus apparente. Les emportements de la tribune se traduisaient en voies de fait dans la rue. L'autorité municipale, si utile lorsque son action s'unit franchement à celle du Pouvoir exécutif, et qui sert d'intermédiaire entre les populations et lui, encourait presque partout, les reproches les plus graves. Dans beaucoup d'endroits, les instituteurs faisaient une propagande anarchique; il avait fallu destituer, sur l'avis conforme du conseil d'État, nommé par l'Assemblée elle-même, plus de huit cents maires ou adjoints; dissoudre des centaines de municipalités, dont l'une, entre autres facéties moins gaies, avait eu la joviale idée de déclarer la guerre à l'empereur Nicolas; désarmer deux cent cinquante gardes nationales, et mettre quinze ou vingt départements en état de siége. Les habitants du Midi n'ont pas oublié la conjuration de Longomazino, qui n'était pas précisément un agent bonapartiste. Il peut plaire aujourd'hui à beaucoup de l'oublier; il y en a plus encore qui s'en souviennent.

Ainsi s'établissait de plus en plus ce double courant de l'opinion; — d'une part, le Président de la République s'efforçait de raffermir l'esprit de l'armée et de faire tourner au profit de l'ordre son influence personnelle. Un grand nombre de conseils-généraux demandaient chaque jour la révision de la Constitution : il gardait le silence, sentant qu'à lui seul était interdit de s'associer à ce vœu; l'Assemblée, de son côté, tiraillée en sens contraire sur toutes les autres questions, mais généralement plus attachée à la lettre qu'à l'esprit du pacte fondamental, jalouse surtout des moyens d'enrayer un pouvoir rival, en défendait tout avec opiniâtreté, le bon comme le mauvais. La seule modification qu'elle eût consentie, avait été une loi restrictive du suffrage universel, et fort impopulaire. L'esprit public enfin, qui s'était attendu longtemps, sous la pression quotidienne d'un grand nombre de journaux, à un coup d'État, commençait à entrevoir que les actes inconstitutionnels ne viendraient pas du Président. Tout au plus espérait-il que quand la confusion serait parvenue à son comble, ce Prince, fils et neveu de soldat, se trouverait là pour prononcer le *quos ego!*

Semblables à ces gens qui bégaient en parlant, bien qu'ils puissent chanter à pleine voix sans laisser soupçonner leur infirmité, le général Cavaignac, qui tâtonnait dans les petites choses, avait, à un moment donné, paru grandir avec les circonstances; l'Assemblée, faite à ce soldat brave et indécis, ne comprenait pas du tout le caractère de son successeur. Il lui eût fallu une grande mesure, un tact infini, pour marcher, sans dévier, côte à côte avec ce rival vigilant. Le secret et la prudence du Conseil des Dix n'eussent point été de trop; au lieu de cela, elle perdait un temps précieux en agitations stériles, se jugeant et se déjugeant sans cesse. Elle donnait ainsi à la France le spectacle peu rassurant d'une force qui ne se possède plus. Les hommes les plus distingués devenaient impuissants à la diriger. M. de Falloux, malgré l'aménité de son caractère, réussissait beaucoup moins au Palais-Bourbon, qu'il ne l'a fait depuis au Bourg d'Iré; il était aussi suspect à ses amis qu'à ses ennemis. Léon Faucher, ce Casimir Perier de la République, était mort à la peine. M. Dupin faisait une prodigieuse consommation de coups de sonnette et d'esprit pour maintenir une ombre de décence dans cette turbulente compagnie. Le Prince seul restait maître de lui; il changeait ses agents aussi souvent qu'il le fallait pour satisfaire aux ombrages de la Chambre; mais c'était comme un voyageur qui prend des chevaux frais pour continuer sa route et non pas comme un chef d'Etat qui ne sait où donner de la tête.

Il avait dit dans une phrase véritablement impériale : « La France ne périra pas dans mes mains ». Il devenait manifeste qu'elle ne pouvait plus vivre dans celles de l'Assemblée. On pouvait comparer la situation à un parc d'artillerie, au milieu duquel tombent des obus. Une explosion étant imminente, que devait faire le prince Louis-Napoléon? Fallait-il, indigne de la confiance du peuple français, de son nom, de sa fortune même, attendre que le pays fût à feu et à sang, par respect pour une constitution imparfaite, imprudente, dirigée contre lui? Il ne le crut pas; et la conscience publique fut d'accord avec lui, comme le sera l'histoire, quand les débats et les controverses de nos jours agités seront bien loin de nous.

VII

Le Président de la République rendit immédiatement le peuple juge entre l'Assemblée et lui; il demanda si, quand le pacte fondamental n'était plus respecté par ceux qui l'invoquaient sans cesse; si, quand le parlement était devenu un foyer de complots, il devait attendre, attendre toujours, jusqu'à ce que, par l'ordre des questeurs, il fût arrêté et mené à Vincennes, — où peut-être son sang eût expié la mort du duc d'Enghien? Le peuple français répondit par un immense assentiment, que son Élu n'était sorti de la légalité que pour rentrer dans le droit. On a prétendu contester ce suffrage, en alléguant quelques irrégularités inévitables. Il y a une chose qu'on n'infirme pas, c'est l'état moral d'une société. La France voulait vivre en paix, échapper à la menace perpétuelle d'un bouleversement; elle jetait pour un temps la liberté à la mer, contente à ce prix d'éviter un naufrage imminent. Elle savait bien qu'un jour viendrait où elle rentrerait naturellement dans l'exercice des droits sacrés qu'elle a payés si cher. Il ne lui en aura pas coûté moins pour les sauver des révolutions que pour les arracher à l'ancien régime.

Il y a des temps où la dictature est nécessaire, surtout dans les pays libres ou destinés à le devenir. Ce n'est pas au lendemain de ces grandes crises sociales que le jeu des institutions constitutionnelles est praticable ; pas plus que ce n'est au lendemain du jour où il s'est rompu le col du fémur qu'un lutteur peut recommencer le combat. L'Europe accueillit avec satisfaction le rétablissement de l'Empire. Depuis trois ans, elle avait vu le prince Louis-Napoléon à l'œuvre ; elle croyait à sa parole et à sa prudence, et sentait qu'il disait vrai quand il proclamait son désir de rester en paix avec tout le monde, et ne souhaitait d'autres conquêtes que celles à faire sur l'ignorance et sur la misère. Elle accepta tout aussi naturellement le nom de Napoléon III qu'elle avait reconnu au comte de Provence celui de Louis XVIII. Là, comme toujours, le neveu de l'Empereur avait mis, sans hésiter, le doigt sur le point juste. Il cassait, d'un mot, les arrêts de la Sainte-Alliance, qui avait mis hors la loi Napoléon Bonaparte et sa descendance. L'étranger, confus plus qu'alarmé de cette restauration de tout ce qu'il avait proscrit, se trouvait encore heureux du dénouement facile d'une situation si compliquée. Le prince Louis-Napoléon, en même temps qu'il mettait en liberté l'émir Abd-el-Kader, au nom des plus nobles principes, et qu'il dégageait ainsi la parole de la France trop longtemps faussée, multipliait les plus larges amnisties politiques ; il dédaignait les craintes d'une réaction ombrageuse, ainsi que le Premier Consul lui en avait jadis donné l'exemple, en rappelant les émigrés en masse. Désormais, lui aussi, pouvait dire : J'ouvre un grand chemin ; qui marchera droit sera protégé ; qui se jettera de côté sera puni.

S'il a pu avancer d'une allure si franche et si décidée, c'est que l'Empereur a compris son temps et son pays. Les forces de la France, réunies dans ses fortes mains, sont comme un attelage de chevaux fougueux qu'il sait mener à grandes guides, sans peur et sans témérité. Le rétablissement de l'Empire a eu pour premier effet de redonner à la propriété une plus-value immense, et à l'industrie une impulsion irrésistible. Si, malgré la crise agricole et la quasi-disette de 1854 à 1855, nous n'avons rien vu d'analogue aux scènes sinistres de Busançais, ce n'est pas seulement parce que l'autorité est énergique, c'est surtout parce que le peuple sentait bien que l'Empereur faisait tout ce qui était humainement possible pour adoucir ses souffrances. Cependant la crise monétaire, la guerre d'Orient, le choléra, aggravaient une situation déjà bien pénible ; mais il voyait prendre de tous côtés les mesures les plus sages : le commerce de grains délivré de toute entrave, la liberté des transactions assurée, 400 millions de travaux publics en cours d'exécution partout à la fois, avec l'aide du gouvernement, des compagnies et des communes ; il voyait organiser la caisse de la boulangerie, véritable institution sociale dans le sens pratique du mot ; il savait que l'idée première remontait à l'Empereur, qui s'efforçait de conjurer pour l'avenir de pareils désastres, et qui y a réussi. Il prenait donc patience, malgré de sourdes excitations. Le maréchal de Rantzau n'avait rien d'entier que le cœur, disait-on ; il y a toujours eu des gens bien entiers à qui il n'a manqué que cela.

La guerre de Crimée, celle d'Italie, n'ont été entreprises que pour défendre l'équilibre du monde menacé, la politique traditionnelle de notre pays et les principes qui sont notre honneur. Une nation, sous peine d'abdiquer tout rôle politique, ne peut jamais dire qu'elle veut la paix à tout prix. Certes, la prise d'Anvers en 1832, nos rudes campagnes d'Afrique pendant vingt ans, nous avaient remis de l'air dans la poitrine ; mais ce n'est que depuis la prise de Sébastopol, depuis les batailles d'Inkerman, de Magenta, de Solferino, que nous nous sommes retrouvés la grande nation militaire. Le remords de Waterloo s'est apaisé. Les héros de l'Alma sont bien les fils de ceux du plateau de Craonne !

Cette sagesse de l'Empereur, ce *bien joué* qui lui est ordinaire, s'est montré sous un jour éclatant dans les affaires d'Italie. Le gouvernement français se trouvait dans la position d'un galant homme qui ne court pas après les aventures, mais qu'on trouve toujours quand on vient le chercher. Toutes les puissances connaissaient notre aptitude guerrière et la merveilleuse organisation de notre armée ; mais nous avons encore trouvé moyen de les surprendre par cette foudroyante campagne de deux mois qu'on ne peut comparer qu'à celle d'Iéna en 1806. L'Empereur, qui avait déjà donné une preuve si haute de sa modération lors de la guerre de Crimée, en a montré dans cette circonstance une non moins grande ; il a su se résigner à ne pas accomplir jusqu'au bout l'engagement de rendre l'Italie libre jusqu'à l'Adriatique, quand il a vu jusqu'où cela pouvait entraîner la France. Le traité de Villafranca, si sage, on pourrait dire si paternel, a été le plus héroïque sacrifice que puisse faire un victorieux : il eût pu garder la Lombardie ; il a préféré sagement la rectification de notre frontière, agrandissement insignifiant, et qui n'ajoute à la puissance de notre pays que dans la proportion où son traitement de membre de l'Institut ajoutait à la liste civile du Premier Consul.

VIII

La question religieuse, dont la gravité n'échappe à personne, est un résultat du temps et non pas une conséquence de la politique suivie par l'Empereur. Ainsi que le Consulat avait eu d'abord pour lui les prêtres qui avaient prêté serment à la constitution civile du clergé, et bientôt après tous les autres, ramenés successivement par des mesures humaines et conciliantes, le Président de la République fut entouré de l'adhésion de tous les hommes religieux. Chacun en avait assez, et particulièrement le clergé, des plantations turbulentes des arbres de la liberté et des attaques d'une presse qui, dans sa démence, professait l'athéisme. Le maintien, moins religieux encore que politique, de notre armée d'occupation à Rome, nous avait cependant concilié l'affection du pape Pie IX. Les événements qui suivirent la guerre d'Italie ne tardèrent pas à altérer ces bons rapports. Il semblait que cette glorieuse campagne avait été le résultat d'un coup de tête ; on ne voulait ni se rappeler les sommations menaçantes et à bref délai de l'Autriche au Piémont, ni les stipulations respectueuses de Villafranca, ni la lettre si sage de l'Empereur au roi Victor-Emmanuel ; on aimait mieux rendre le gouvernement français responsable du mécontentement séculaire des Romagnes, que les Autrichiens occupaient depuis longtemps, et qu'ils avaient évacuées dès le début de la guerre ; de l'effervescence unitaire de la Toscane et des Duchés ; de l'audacieux coup de main de Garibaldi à Marsalla, et de l'ambition, si l'on veut, de la maison de Savoie. Je ne crois pas manquer de respect au mérite et au caractère du cardinal Antonelli, en disant que le cardinal Consalvi le valait. J'estime que si l'Empereur Napoléon III avait eu, par impossible, à traiter avec le second de ces hommes d'État, beaucoup de choses fort embrouillées aujourd'hui auraient pu s'arranger. Au lieu de cela, sous des inspirations imprudentes, un certain nombre de prélats, d'écrivains, d'hommes politiques, dont l'esprit me paraît étranger à ce temps, se sont jetés dans la mêlée avec une âpreté et un emportement inouïs. Ces violences regrettables ne font qu'envenimer les questions et augmenter les difficultés, déjà si grandes, d'une situation plus que délicate. C'est un médiocre triomphe d'exaspérer des esprits honnêtes et des cœurs droits ; c'est surtout une tâche inutile autant que dangereuse ; car l'opinion publique remporte toujours en définitive la dernière victoire. Un gouvernement qui s'appuie sur les masses, qui protége hautement la religion, qui se préoccupe avec une si vigilante sollicitude du sort du clergé, qui répand des dons sans nombre sur ceux-là mêmes dont on voudrait faire ses implacables ennemis, un gouvernement comme celui-là n'a rien à redouter de ses adversaires catholiques, quand bien même ils seraient aussi nombreux qu'ils le sont peu. Nous ne sommes plus au temps de Henri IV, qui a maintes fois confessé que tout son mal lui venait de quelques prédicateurs et de quelques curés factieux. Grâces au ciel, s'il est une minorité fanatique qui remplit quelques églises de ses clameurs et de ses menées, l'immense majorité refuse de s'associer à cette levée de boucliers folle et ingrate. Le clergé sent bien que les périls que pourrait courir la religion ne lui viendront jamais de l'Empereur. Les partis, quels qu'ils soient, et bien qu'à raison de certaines circonstances et de complications éphémères ils paraissent grossir et devenir inquiétants, échoueront toujours contre la réprobation du suffrage universel. Il semble qu'une fois liés à des opinions extrêmes, les hommes doivent devenir aveugles et rester immobiles, en vertu d'un mot d'ordre rétrograde, comme si cela devait empêcher le monde de marcher. — *E pur si muove !* Il est vrai qu'on pourrait croire qu'ils ne s'en aperçoivent pas.

L'Empereur, qui connaît le véritable état des choses, qui en souffre tous les jours, mais qui ne saurait être ébranlé, n'a rien demandé au Saint-Père, pas même un sacre à Notre-Dame. En revanche, il lui a beaucoup donné ; il l'a maintenu et le maintiendra si Pie IX lui-même ne rend la tâche impossible. Il ne saurait donc avoir encouru en quoi que ce soit le reproche d'ingratitude ; sa politique, si ténébreuse, à ce qu'on prétendait à demi-voix, a été développée devant le Sénat et devant le Corps législatif. Toutes les dépêches, toutes les notes diplomatiques ont été imprimées. Le pays a jugé.

IX

La France, menacée il y a peu d'années de reculer jusqu'à la guerre civile et à l'anarchie, reposée maintenant, rassurée, pouvant se rendre compte de ses fautes, se préparer un avenir meilleur, regagner enfin dans des conditions d'équilibre et de stabilité, le temps perdu, n'aurait peut-être pas songé à réclamer encore des modifications essentielles au régime impérial, si quelques personnes n'avaient entrepris de demander pour elle, avec une insistance de plus en plus marquée, ce qu'on est convenu d'appeler le couronnement de l'édifice. Nous n'avions, en effet, perdu aucune des conquêtes de 1789, parce que l'usage en avait été temporairement restreint. L'Empire n'était pas un retour en arrière. C'était, au contraire, une marche en avant, moins dans les idées sans doute, que dans les choses. La nation, qui avait fait longtemps fausse route, était enfin rentrée dans le droit chemin. Quant à la liberté, elle ne meurt ni ne dérive ; hier encore elle était à l'ancre. Aujourd'hui, semblable à un navire qui avance en courant des bordées et qui marche vers son but alors qu'il semble s'en éloigner le plus, elle se rapproche à chaque pas par une marche oblique. L'Empereur avait senti, depuis longtemps, qu'un jour viendrait où il aurait à mettre son gouvernement en harmonie avec les habitudes constitutionnelles de la France, à mesure qu'elles se réveilleraient. Alors qu'on avait pu croire ses vœux décidément comblés, et qu'il se bornerait désormais à maintenir, dans son entier, l'exercice de son pouvoir souverain, il songeait que le temps des remèdes héroïques était passé avec les circonstances qui les avaient rendus indispensables. Il y a deux ans bientôt, que, plus hardi que ses ministres, il a élargi, véritablement *motu proprio*, les prérogatives du Sénat et du Corps législatif, et la discipline de la presse. Depuis lors, la loi de sûreté générale tend de plus en plus à rentrer dans l'arsenal des armes extraordinaires. Je tiens donc pour aussi mal fondée, et aussi intempestive que possible la parole de celui qui, dans la dernière session, a dit, de ces mesures libérales, qu'elles n'étaient qu'une restitution. Napoléon III n'a rien à restituer. La nation l'a appelé à son aide dans un jour de suprême détresse ; elle lui a remis, sans compter, tous ses pouvoirs et tous ses droits ; elle a laissé à sa sagesse et à son patriotisme le soin de les restreindre, de les étendre et de les interpréter. On aurait compris l'incartade de M. Picard, sous les gouvernements où plusieurs millions de parias politiques appuyaient quelques députés libéraux. Il serait sage de se les interdire avec un Pouvoir dont la patience est d'autant plus courte, et l'épée d'autant plus longue que ce sont la patience et l'épée de la France et qu'il est établi sur le suffrage universel.

Voulez-vous le pousser à bout, et le harceler, jusqu'à le contraindre à risquer, s'il le fallait, pour se débarrasser de vous et des autres, un nouveau coup d'État ? Nous ne le voulons pas, nous. Nous comprenons trop bien que si quelque chose peut retarder l'avénement pacifique et régulier de la liberté, ce sont de pareilles violences. Nous pouvons sympathiser avec votre esprit, avec votre témérité même, mais nous ne voulons pas recommencer à courir à votre suite la carrière des aventures. Quittez d'ailleurs, une fois pour toutes, des illusions par trop naïves ; elles donnent la mesure de votre inconscience de l'état des esprits et des besoins d'un pays pour lequel mieux vaudrait un sage ennemi.

L'opposition croit toujours avoir affaire à deux cent mille censitaires tracassiers et irrésolus, dont elle s'est moquée sous toutes les formes, qu'elle a fait tomber dans tous les traquenards politiques, et qui ont joué trop souvent dans l'histoire de ces dernières années, le rôle un peu niais du bonhomme Géronte. Les choses ont cependant changé du tout au tout. Les peuples ont été de tout temps les victimes de deux forces opposées, le principe d'autorité, l'esprit révolutionnaire. Quand l'un domine, l'autre est comprimé, si bien qu'il semble anéanti ; mais ce n'est là qu'une crise passagère, qu'une mort apparente. Bientôt le vaincu d'hier, s'affirmant par ses actes et par ses paroles, remonte en triomphe sur la scène mobile et changeante du monde. Il tend alors à prendre sa revanche. Le propre de l'un et de l'autre, c'est de faire table rase de tout ce qui peut être un obstacle. La grande révolution de 1789, n'a pas agi autrement. C'est là précisément la faute dans laquelle nous ne voulons pas retomber aujourd'hui. Pour les utopies d'un phalanstère, ou seulement pour donner satisfaction à je ne sais quel besoin de changement, nous ne sacrifierons pas notre état social. La Restauration, la monarchie de Juillet, le Gouvernement républicain ont succombé, tour à tour, après des luttes variées et non sans éclat, parce qu'à des degrés différents et dans des directions opposées, tous ont méconnu l'esprit de leur temps et les nécessités de leur position. Ainsi que l'empereur Napoléon Ier avait reconstitué la société nouvelle avec les débris du monde ancien, l'Empereur Napoléon III s'efforce de rétablir le règne d'une liberté durable avec les éléments épars des trois périodes qui ont précédé la nôtre.

Le parti orléaniste, dirigé par des hommes de mérite, a mené dix-huit ans sa fortune avec une dextérité qui pouvait lui faire espérer un plus long avenir. Cependant la substitution d'une faible partie de la classe moyenne à une aristocratie presque aussi nombreuse et presque aussi mêlée, a été un expédient plutôt qu'un progrès véritable. Dans aucun cas, ce ne pouvait être une solution. Le roi Louis-Philippe avait, soit dit avec tous les égards dus au malheur, les qualités moyennes des notaires de M. Scribe. Il aurait été beaucoup plus propre à commander une légion de la garde nationale, qu'à diriger dans ce monde encore plein d'elle, l'initiative de la France. Remarquez, d'ailleurs, que ce n'était qu'à l'aide d'un tel ensemble de qualités plutôt privées que publiques, que pouvait se maintenir si longtemps ce régime ambigu qui, de transitoire, prétendait devenir définitif. Le duc d'Orléans emportait avec lui, dans la tombe, l'œuvre du vieux roi. Le célèbre *rien, rien, rien,* de M. Desmousseaux de Givré formait désormais l'horizon politique du pays et la prévision d'une minorité prochaine n'était pas de nature à lui donner de la patience. Louis-Philippe entendait passer maintenant ses dernières années dans un calme difficilement conquis; mais un gouvernement ne saurait être assimilé à un homme qui, sa fortune faite, n'a plus qu'à jouir du fruit de son travail et à le transmettre à ses enfants. Sa part serait trop belle et son labeur payé un trop haut prix. Dans nos jours inquiets, exigeants, actifs, il ne peut vivre qu'à la condition de se perfectionner et de se modifier sans cesse. Il doit élargir incessamment les rangs des classes politiques, élever leur niveau moral, se concilier, par la continuité de ses efforts, même infructueux, tous les esprits élevés, tous les cœurs patriotes. Il doit recruter, pour le pays, plus encore que pour lui, toutes les bonnes volontés, toutes les aptitudes. Cet être impersonnel, qui se renouvelle sans cesse, est exposé à essuyer toutes les injustices et toutes les calomnies; son œuvre est ainsi au-dessus de l'humanité. C'est à l'histoire à le venger dans la mémoire des hommes ; ainsi un chrétien doit demander à une autre vie, la récompense de ses vertus et le salaire de sa journée.

Quand la France vit, en 1848, la République reparaître à l'improviste sans être plus attendue que l'apoplexie dans un repas de noces, elle resta un moment stupéfaite. Un grand découragement s'empara de tous ceux qui avaient l'amour des idées libérales et qui les considéraient comme ayant définitivement triomphé. Ils voyaient tout remis en question, et de quelle manière ! par cette étonnante catastrophe ! Quelle irritation douloureuse s'empara de nous tous, en voyant perdre si sottement, il faut dire le mot, une si belle partie ! En effet, les cadres du régime constitutionnel étaient formés depuis longtemps ; il n'y avait qu'à les entr'ouvrir par l'abaissement graduel du cens électoral, par l'adjonction des capacités. Une longue existence de paix, — de trop de paix, sans doute, — et de gain, attestait que ce gouvernement, né viable, grâce à la patience et à la résignation du peuple, pouvait, avec de l'intelligence et de la prudence, réaliser à la longue la perfection du régime représentatif. Les esprits étaient faits à cette forme, non pas exempte de vices et d'abus, sans doute, mais la plus rationnelle et la plus voisine des instincts populaires. Au lieu de cela, tout était à reprendre en sous-œuvre ; la République elle-même, cet idéal des âmes magnanimes, était, au milieu de son triomphe, compromise dans l'avenir.

Nous avons acclamé l'Empire, nous l'avons servi et soutenu sérieusement, avec reconnaissance d'abord, avec espoir ensuite, sans nous dire que tout en était parfait et que c'était le dernier mot et la forme décisive du progrès. Comme nous avions compté sur lui pour rétablir d'abord l'ordre dans les idées et dans les faits, nous comptons maintenant sur lui pour perfectionner la constitution et remonter de transitions en transitions, après notre chute profonde, à cet état passable, le moins mauvais possible, rabat-joie de l'idéal éternel de notre cœur et du rêve entrevu quelquefois, insaisissable toujours, de toute œuvre de l'homme.

J'espère fermement qu'à l'Empereur Napoléon III appartiendra l'honneur de trouver la solution du grand problème des temps modernes, c'est-à-dire d'asseoir progressivement, prudemment, dans la mesure du possible, le règne de la liberté dans l'ordre. Telle est ma confiance dans son génie, que s'il échoue dans cette tâche, je considérerai, quant à moi, la chose comme impossible ; mais il faut penser que ce n'est pas là l'œuvre d'un jour ni d'un lustre, et que nos impatiences mêmes ajoutent aux difficultés d'une telle entreprise. Quand bien même il ne réussirait pas, j'estime que c'est là l'effort d'une âme non vulgaire, digne encore de concilier à celui qui s'y dévouera les respects de l'histoire. « Qu'importe la mort et les revers, si notre nom prononcé dans la postérité va faire battre un cœur généreux deux mille ans après notre vie ! »

Le peuple français, en dépit des excitations contraires, en dépit même de cette inconstance naturelle à toutes les multitudes, sent bien qu'une grande pensée fermente dans la tête de l'Empereur ; il suit chacun de ses actes avec une curiosité attentive, s'efforçant de le deviner, surpris de cette morne impassibilité qui lui distribue sans hâte, sans retard, des réformes, des leçons, des encouragements, des bienfaits. Dans le doute de ce qui sortira de cette impénétrable pensée, chacun, suivant son tempérament, songe à un abordage de l'Angleterre, aux bouches de l'Escaut reconquises ou à la grande conciliation d'un peuple libre et d'un gouvernement fort. Tous ont les yeux fixés sur lui. On ne frappe à ce point l'imagination des hommes que quand on est fait pour les commander.

S'il ne s'agissait que de revenir, après un temps de fourrière plus ou moins long, au régime constitutionnel, tel, à peu de choses près, qu'il a été pratiqué de 1815 à 1848, la chose serait fort simple ; mais en serions-nous beaucoup plus avancés pour cela ? Après tant de luttes, tant de sacrifices, tant de sang et de larmes répandus, nous recommencerions à errer — *errantes clausi* — dans ce cercle vicieux autour duquel rôde le sphinx de M. Pfoudhon. Les mêmes causes amèneraient les mêmes effets. La France serait de nouveau condamnée à des baux de quinze ans. C'est beaucoup pour un homme, au dire de Tacite ; c'est trop peu pour un peuple. Le suffrage universel, qui est notre droit, et dont nous sommes jaloux, quoique nous n'en usions pas toujours, donne à la question quelque chose de plus redoutable encore. On pouvait en appeler d'un corps électoral restreint, au pays tout entier ; mais aujourd'hui que le vote populaire prononce en dernier ressort, y a-t-il autre chose après lui que le recours aux armes ?

Je ne comprends pas, les faits étant ce qu'ils sont, qu'on dispute au gouvernement le droit social de recommander au peuple tel ou tel candidat, et d'user de ce droit sans subterfuge. Je ne veux mettre en doute la bonne foi de personne, mais il me sera permis de déplorer un pareil aveuglement. Il faut que la passion entraîne bien loin ceux qui argumentent de la sorte, et qui peut-être ne sont pas tous immaculés à l'endroit des influences électorales sous le règne du suffrage restreint. Dans notre première révolution, on s'est écrié un jour : « Périssent les colonies plutôt qu'un principe ! » Y aurait-il donc aujourd'hui des hommes pour dire : « Périsse la France, pourvu que l'Empire périsse avec elle ? » Non, non, jamais pareil blasphème ne sortira d'une bouche française. Au reste, il serait aussi vain qu'impie. Un peuple n'abdique ni sa vie ni sa nationalité pour satisfaire aux rancunes de quelques sectaires enragés. Aujourd'hui que le plus humble village compte plus d'électeurs à lui seul que naguère un collége électoral tout entier, n'y a-t-il pas une sorte d'anachronisme à nous venir crier, comme le faisait Courier dans son temps : « O vous, législateurs nommés par les préfets, etc., etc. ! » Sommes-nous vraiment si dociles que cela ? Et depuis quand, de grâce ?

Toutes les communes de France sont réputées mineures. Ceux-là mêmes qui réclament le plus vivement la décentralisation n'oseraient leur remettre entre les mains la gestion de tous leurs intérêts ; et ces mêmes communes seraient si bien majeures en affaires d'élection, que le gouvernement devrait se tenir à l'écart, les abandonner à toutes les influences des meneurs, leur laisser sans le plus léger contre-poids le droit de vie et de mort sur elles et sur les autres ! Assurément, ce serait un beau jour pour les anarchistes, quelle que fût leur cocarde !

Non, conservons le suffrage universel ; usons-en de bonne foi. Laissons le gouvernement qui lui doit d'exister le diriger loyalement dans un sens national ; il ne s'agit pas d'annihiler l'opposition, car il importe à sa dignité comme à sa moralité d'être discuté et contrôlé ; il s'agit seulement de ne pas confondre les droits sacrés de la liberté avec une licence anarchique. Il y a certains principes qui ressemblent aux poudrières ; il n'est pas bon d'en approcher sans des précautions infinies. La France a passé sans transition d'une interdiction politique presque absolue à l'exercice illimité de la souveraineté du peuple. Ces brusques changements de température sont aussi périlleux moralement que physiquement. C'est miracle qu'elle s'en soit si bien tirée ; mais pour nous, pour nos enfants, pour l'avenir même de la liberté, n'écoutons pas ses irréconciliables ennemis, ne tentons pas Dieu !

A Paris, où l'opinion est toujours en avant, on ne voit peut-être pas les choses ainsi ; quand je dis Paris, j'entends cette fraction qui se prend volontiers pour le cerveau de la France, et qui se compose de quelques milliers d'hommes ; mais ceux qui vivent au milieu de ce peuple des campagnes, dont l'aristocratie intellectuelle ne tient guère de compte dans sa superbe, savent bien qu'on ne va pas si vite et que rien n'est aussi facile qu'on le croit dans ce pays des gens ennuyés, avides d'émotions et de spectacles, frondeurs et déclassés. Nous tenons à haut prix le droit d'intervenir dans les affaires publiques, et nous faisons peu de cas des taquineries de salons et des quatrains anonymes. Nous entendons maintenir une forme de gouvernement qui nous convient. Nous ne croyons pas du tout que l'Empereur ait la prétention de vouloir agir et penser pour tout le monde, et de couper chaque matin à la France son morceau de pain quotidien. On peut débiter de pareilles bourdes aux adeptes des sociétés secrètes, on ne persuadera jamais cela au peuple français.

La liberté pour une nation ressemble assez à ce qu'est la santé pour un individu ; on doit, pour la conserver, prendre certaines précautions et s'interdire les excès. J'espère ne point proférer un blasphème en rappelant, à propos de l'Empereur et de la liberté, le mot célèbre : « *Semel jussit, semper paret ;* Dieu s'est commandé une fois, et, depuis lors, il obéit aux lois qu'il s'est tracées. » Ce qui constitue le génie politique, c'est la mesure dans la force, cette prescience, ce diagnostic, si l'on veut, qui enseigne ce qui est possible, et permet de faire, à propos et sans hésiter, la part du temps et celle du caractère de la nation. Il faut beaucoup de tact et une grande décision pour ne se laisser ni pousser par les impatients, ni retenir par les timides, ni enivrer par les flatteurs, ni déconcerter par les sophistes, ni étourdir par le succès, ni abattre par les mécomptes. Je ne sais si, depuis que le monde existe, il lui a été donné de voir plusieurs fois réuni dans un seul homme un tel ensemble de qualités. Puisque nous sommes dans un temps où l'homœopathie a la vogue, convenons que ce ne serait pas trop d'une dilution de tous ceux qui ont laissé un nom dans l'histoire, les Auguste, les Richelieu, les Cromwell, les Guillaume d'Orange, les Pitt, les Washington, — sans parler de Machiavel et de Napoléon, — pour composer un personnage aussi extraordinairement doué.

En 1851, le président Dupin s'écriait à la nouvelle des événements du 2 décembre : « *Novus rerum nascitur ordo!* » eh bien! cet autre ordre de choses, ce n'était pas seulement la substitution du régime impérial à la forme républicaine; c'était l'annonce, pour la France, d'une ère nouvelle dans la longue série de nos révolutions; le décret du 24 novembre a marqué une seconde étape. Il importe, maintenant, de ne pas se méprendre et de ne pas confondre une aurore avec un coucher de soleil, une renaissance avec le commencement de la fin. L'Empereur, en renonçant spontanément à une autocratie qui aurait pu être et qui n'a jamais été sans contrôle; en appelant dans la plénitude de sa force, la discussion et la publicité sur les actes de son gouvernement, n'a point entendu se mettre en tutelle. De telles envies ne prennent guère aux barbes grises et aux victorieux. Alphonse Karr, l'écrivain le plus sensément spirituel que j'aie jamais connu, disait jadis, que le roi régnait comme une corniche autour d'un plafond. Il est clair que l'Empereur ne pourrait et ne voudrait jamais se réduire à ce rôle ingrat. Il est temps, d'ailleurs, de se pénétrer de cette idée que les temps sont finis des tournois parlementaires et de l'art pour l'art en matière de discussion. Les dextérités de parole, les déclamations passionnées, ne doivent plus être de mise que dans les conférences de stagiaires ou dans les plaidoiries d'assises. Elles ne suffiraient plus à un grand peuple, qui ne s'est pas assemblé dans ses comices pour envoyer ses mandataires rompre des lances en champ-clos, à la plus grande joie d'un auditoire de dilettanti. La mer donne du sérieux au paysage, et l'attention du peuple, aux débats. Il ne s'agit plus de renverser un ministère, pour se mettre à sa place. Il faut des choses et non des phrases, — *res, res, non verba* !

« Il convient à cette heure de renoncer à ce système mêlé de dépit et de perfidie qu'on appelle le pessimisme politique, et qui commence chez les partis dès qu'ils ont fait assez de pertes pour renoncer à tout ce qui leur reste, dans l'espoir de tout recouvrer. » (Thiers.) Il faut, entre ces deux forces nouvelles, l'Empereur et le peuple, investis, l'un d'un pouvoir de droit, l'autre d'un pouvoir de fait, immenses tous deux, d'autres rapports, d'autres freins, d'autres contre-poids que ceux qui existaient sous le régime parlementaire, entre les Chambres et la Couronne. Pour cela, il faut des hommes nouveaux, comprenant leur mandat autrement que les immuables comparses du côté droit ou du côté gauche. Les apologistes des massacres de septembre 1791, et les enthousiastes de ceux du 24 août 1572; les coryphées du *Nain Jaune* et la postérité politico-littéraire de M. de Marchangy, me paraissent devoir être mis également hors de cause et renvoyés dos à dos. Il ne manque pas d'hommes, au pouvoir, à la Chambre, dans le pays, qui réunissent les conditions nécessaires pour tenter ce grand œuvre. Appuyés sur l'Élu du 10 décembre, peut-être arriveraient-ils à doter la France d'un régime constitutionnel nouveau, étayé sur des principes durables, dégagé des inconvénients des assemblées anciennes. Ce que deviendrait notre action, sous l'impulsion d'un semblable gouvernement, qui joindrait à l'initiative propre à notre race, des conditions d'équilibre et de durée, nul ne peut le dire. J'aimerais pour l'honneur de ce siècle tant injurié, par amour pour ce noble pays, à voir réalisé ce rêve glorieux. Que l'Empereur vive, que Dieu protége la France, et peut-être nous sera-t-il donné de voir un jour la République Chrétienne de Henri IV au dedans et au dehors.

Mirabeau, mai 1862.

FIN

Paris — Imp. de L. Tinterlin et Cⁱᵉ, rue Neuve-des-Bons-Enfants, 3.

www.ingramcontent.com/pod-product-compliance
Lightning Source LLC
Chambersburg PA
CBHW061717060726
47597CB00006B/2424